全国中等职业技术学校汽车类专业

汽车车身结构认知与维修习题册

中国劳动社会保障出版社

图书在版编目（CIP）数据

汽车车身结构认知与维修习题册 / 刘世峰主编 . --北京 : 中国劳动社会保障出版社，2022
ISBN 978-7-5167-5551-8

Ⅰ. ①汽…　Ⅱ. ①刘…　Ⅲ. ①汽车 - 车体结构 - 中等专业学校 - 习题集②汽车 - 车体 - 车辆修理 - 中等专业学校 - 习题集　Ⅳ. ①U463.82-44 ②U472.41-44

中国版本图书馆 CIP 数据核字（2022）第 209245 号

中国劳动社会保障出版社出版发行
（北京市惠新东街 1 号　邮政编码：100029）
*
北京市科星印刷有限责任公司印刷装订　　新华书店经销
787 毫米 ×1092 毫米　16 开本　3.5 印张　82 千字
2022 年 12 月第 1 版　　2022 年 12 月第 1 次印刷
定价：7.00 元

营销中心电话：400-606-6496
出版社网址：http://www.class.com.cn
http://jg.class.com.cn

目　录

要目

项目一　汽车车身结构认知

任务1　汽车车身结构类型

一、填空题（将正确答案填写在横线上）

1. 汽车车身按承载方式不同可分为________式车身、________式车身和________式车身。

2. 非承载式车身的车身本体通过________与车架连接，施加于汽车上的力基本由车架承受。

3. 承载式车身直接承受从________传来的力和________传来的力，车身负载通过悬架装置传给车轮。

4. 半承载式车身壳体底部直接与装配在车架纵梁上的________（相当于车架横梁延伸部分）成刚性连接。

5. 汽车车身的形状，主要由________、________、________、________等因素决定。

6. 车身前部结构包括________、________、________、________总成和散热器框架总成。

7. 车身中部结构包括车身________结构、车身侧围结构和________。

8. 车身后部结构包括后侧围板总成、________、________、地板及纵梁和后部车身的其他构件。

9. 行李舱是装载物品的空间，由________与________钣金件构成，位于轿车车身的后部。

10. 散热器框架一方面用于安装________、________等；另一方面起到加强________的作用。

11. 汽车的四大组成部分分别是：________、________、________与________。

12. 车身维修主要是针对车身的结构部件进行________或________。

13. 汽车车身按外形不同可分为________式车身、________式车身、________式车身、________式车身和变形车身。

14. 汽车翼子板按照安装位置不同可分为________和________。

15. 由于承载式车身的前部车身结构件分别由前后的________和两侧的________构成，因而前围总成属于________。

二、判断题（对的打“√”，错的打“×”）

1．折背式车身是指车身的背部有角折线条的车身。（　　）

2．轿车车身的前围总成是指分隔发动机舱和乘客室的那部分结构。（　　）

3．与非承载式车身相比，承载式车身的乘客室噪声较大。（　　）

4．前围挡板的主要功能之一是隔离来自发动机的各种噪声、热源、振动。（　　）

5．污水进入门立柱后，从门立柱底部设置的流水槽排出，就解决了车身结构的防腐问题。（　　）

6．承载式车身因为没有车架，其车身的前部要支承发动机、驱动装置、悬架和散热器等各种部件的质量，同时要承受从悬架传递给车身的各种载荷，因此，该类车身前部结构较复杂。（　　）

7．保险杠通常用 3 ~ 5mm 的钢板冲压而成，或用工程塑料模压成型。（　　）

8．前围上盖板通过两侧的端板与车身左、右侧围的前立柱螺栓连接，是横贯车身左、右前门立柱的梁式构件。（　　）

9．承载式车身由于没有车架的保护作用，发生碰撞后车身维修难度较小。（　　）

10．承载式车身目前广泛应用在发动机前置前驱布置的汽车上。（　　）

三、单选题

1．下列关于承载式车身特征的叙述，哪一项是错误的？（　　）

A．承载式车身很轻，但其一体式的构造使它具备足够的强度可以抗弯曲和扭曲

B．承载式车身是由冲压成各种形状的薄钢板点焊在一起组合而成的

C．因为广泛使用了薄钢板，所以修理车身时有必要采取措施防止生锈

D．由于不同种类的钢板组合在一起，一旦受损，承载式车身在修理中不需要额外的工时

2．车身（　　）的刚性最大。

A．前部　　B．中部　　C．后部　　D．上部

3．地板前纵梁和地板后纵梁与地板的连接，采用（　　）设计。

A．平行梁　　B．对称梁　　C．叉形梁　　D．三角梁

4．为了上、下车便利，中立柱的上端（　　）略微倾斜。

A．向外、向前　　B．向内、向前

C．向外、向后　　D．向内、向后

四、多选题

1．下列哪项不是承载式车身结构的优点？（　　）

A．乘客室安全性增强　　B．车辆自重降低

C．较高的燃油效率　　D．部件的碰撞损伤局部化

2．承载式车身维修困难的原因是（　　）。

A．车身构件较多　　B．车身构件尺寸小

C．车身参数多　　D．车身整体尺寸变形较复杂

3．承载式车身前悬架支承座的功能是（　　）。

A．为悬架提供安装基体

B．形成保护发动机免受路面污泥飞溅的车轮罩

C．提供发动机舱的各种零部件的固定

D．支承翼子板上缘

E．撞车时对乘客形成保护

4．散热器框架一般由哪几部分构成？（　　）

A．一个上横梁杆　　B．一个下横梁

C．左隔板　　D．右隔板

5．车身地板结构要求（　　）。

A．更高的强度和刚度　　B．防振

C．隔音　　D．防腐

6．前立柱应具有足够的（　　）。

A．韧性　　B．强度　　C．塑性　　D．刚性

7．非承载式车身普遍应用于（　　）。

A．货车　　B．轿车　　C．越野车　　D．客车

8．承载式车身一般用于（　　）。

A．小客车　　B．城市 SUV　　C．轿车　　D．越野车

9．折背式车身也被称为（　　）。

A．浮桥式　　B．船形　　C．三厢式　　D．四厢车

五、名词解释

1．保险杠

2．前围总成

3．车身侧围结构

4．前悬架支承座总成

5．后立柱

六、简答题

1．什么是非承载式车身?

2．什么是承载式车身?

3．承载式车身的优点有哪些?

4．简述车身前部结构的主要功能。

5．车身后部的结构必须满足哪些要求？

6．车身的主要功能有哪些？

7．前围上盖板在外板的上侧设有通风口的原因是什么？

8．典型的后侧围板总成由哪些零件组成？

9．后侧围板总成的外板件被焊接在什么上面？为什么？

10. 为确保车身后部的强度，往往在地板上焊接加强梁，尤其是纵梁，其焊接方式是什么？为什么要这样做？

11. 汽车车身根据外形可分为哪几种形式？各有何特点？

任务2　汽车车身覆盖件

一、填空题（将正确答案填写在横线上）

1. 保险杠的结构类型一般按部件的数量和组成方式，分为__________和__________两类。

2. 组合式保险杠基本由__________、__________、__________及其他附件组成。

3. 保险杠按功能特性可分为__________和__________两种类型。

4. 多数汽车往往将__________、__________、__________和下导流板集成为一体，称为保险杠装饰板。

5. 发动机舱盖通常由__________、__________、__________及其他附件组成。

6. __________是发动机舱盖用来固定并通过它和前部车身本体相连接的机构，也是发动机舱盖的开闭机构。

7. 行李舱盖由__________、__________、__________三块板制件构成。

8．车门按开启方式不同可分为__________式车门、___________式车门及__________式车门等。

9．轿车车门由___________、____________和____________三部分组成。

10．能量吸收式保险杠包括___________________式、___________________式和具有___________________的保险杠三种类型。

11．塑料保险杠面罩损坏时，可以用________________、________________予以更换。如果撕裂或破洞很小时，损坏部分可以用相应成分的________________或用______________修复。

12．前翼子板在下边的轮罩处采取翻边式边缘，以安装_______________。

13．发动机舱盖通常由冷轧板材制成。现代车辆上多用___________________，也有用___________________和___________________的。

14．行李舱是轿车乘客室后侧用于放置行李、物品的那一部分，通常也称为__________。

15．行李舱内板的形状较复杂，既有____________，又有__________，还有__________和___________，以便增强行李舱的刚度。

二、判断题（对的打“√”，错的打“×”）

1．保险杠的主要功能：当汽车在前、后方向与其他物体相撞时，有效地保护车身，减轻损害；美化汽车的外形。（　　）

2．前翼子板分左、右两个，互成对称结构，分装于车身的两个前角处。（　　）

3．发动机舱盖通常由内板、外板、铰链、支承架、支杆及锁扣等组成。（　　）

4．发动机舱盖既有足够的刚度又有一定的安全性，既轻薄又有较好的密封性，同时还要具备隔音、减振、吸收发动机噪声的功能。（　　）

5．发动机舱盖的外板多是 0.8 ~ 1.2 mm 的蒙皮，其强度较差。（　　）

6．明铰链结构简单，操作简单，铰链外露，影响外观质量。（　　）

7．行李舱盖常采用臂式或四连杆式铰链，以及扭力杆式或空气弹簧减振支撑杆。（　　）

8．框架式车门的玻璃窗框大多是直接成形的。（　　）

9．行李舱盖用空气弹簧减振支撑杆的方案日益增多，可减轻开闭时的冲击。（　　）

10．汽车覆盖件是指覆盖发动机、底盘，构成驾驶室、车身的金属薄板所制成的空间形状的表面或内部零件。（　　）

11．保险杠的结构由于轿车的档次、生产厂家、型号的不同而千差万别。（　　）

12．就目前常见的车型而言，除了一些经济的和老旧的车型外，多数轿车配用的都是组合式保险杠。（　　）

13．普通式保险杠的特点是结构简单、质量轻，在普通汽车上的应用比较广泛。（　　）

14．能量吸收式保险杠因增加了具有吸收冲击能量功能的结构，大幅度地提高了保护效能，多为高级汽车所采用。（　　）

15．能量吸收式保险杠可以有效地降低汽车发生碰撞或追尾事故时造成的损失。（　　）

三、单选题

1．绝大多数保险杠通过（　　）与汽车紧固。

A．胶水　B．焊接　C．铆钉　D．螺栓

2．保险杠面罩常用的材料是（　　）。

A．钢板　B．FRP（玻璃钢）　C．PP（合成树脂）　D．ABS 塑料

3．前翼子板的形状与（　　）无关。

A．发动机舱盖的形状及尺寸　B．车身的造型

C．前照灯的形式及布置　D．轮胎的宽度

4．技师甲说："我可以一个人拆下发动机舱盖。"技师乙说："拆卸或安装发动机舱盖时找个帮手更明智。"谁正确？（　　）

A．技师甲　B．技师乙

C．技师甲和技师乙都正确　D．技师甲和技师乙都不正确

5．汽车的发动机舱盖可以自由开闭，是因为它通过（　　）与车身相连。

A．螺栓　B．铆钉　C．门槛板　D．铰链

6．下列选项中，（　　）不是车门总成的构成件。

A．门框　B．车门本体　C．后视镜　D．内外装饰件

四、多选题

1．车门铰链有（　　）几种。

A．内铰链　B．外铰链　C．三连杆型铰链　D．四连杆型铰链

2．门锁的种类有很多，可分为（　　）。

A．手动门锁　B．无框门锁　C．自动门锁　D．防盗门锁

3．防盗门锁又称遥控门锁，是将（　　）等现代技术应用于防盗门锁。

A．声　B．光　C．电　D．磁

4．组合式保险杠基本由（　　）组成。

A．保险杠横梁　B．保险杠面罩　C．吸能装置　D．其他附件

5．大多数普通式保险杠由（　　）组成。

A 面罩　B．支架　C．塑料

五、名词解释

1．发动机舱盖

2．汽车车身覆盖件

3．直接吸收式保险杠

4．车门锁

5．车门开度限位器和缓冲器

六、简答题

1．保险杠的主要功能有哪些？

2．前翼子板的主要功能是什么？

3．车门的功能是什么？

4．发动机舱盖锁的功能是什么？

5．车门附件包括哪些？

6．卡板式门锁的好处是什么？

7．四连杆型铰链的特点是什么？有什么好处？

8．车门铰链的作用是什么？由什么构成？

9．顺开式车门和对开式车门的优点分别是什么？

10．请说明发动机舱盖铰链的以下两种形式的特点。

（1）普通合页式铰链与支杆联合使用。

（2）简单铰链与平衡机构联合使用。

项目二 车身焊接

任务1 电阻点焊

一、填空题（将正确答案填写在横线上）

1．电阻点焊机由____________、____________和____________组成。

2．控制器用来调节焊接电流的____________和精确的____________。

3．焊接电流的大小与______________________、______________________等因素有关。

4．电阻点焊是属于____________中的电阻焊接类。

5．焊接电流是影响__________大小的主要因素，__________与电流的平方成正比。

6．电极臂压力既影响焊点的________________（因此影响热源的强度与分布），又影响电极臂散热的效果和焊接区________________及核心的________________。

7．电极臂压力取决于被焊材料的______________、______________和________________。

8．焊接时间是指焊件____________________，它既影响______________的产生又影响__________。

9．焊接时间对________________的影响与焊接电流的影响基本相似。

10．加压期间必须保证焊点位置形成一个____________、呈____________的焊核。

11．在点焊实施期间，电极头的表面会产生__________和脏污的现象；若过度脏污，则电极和母材之间的__________将会变大，而无法供给熔化母材所需要的__________。

12．点焊间距小于某个限度时，焊接强度将不会增加，这是因为有部分电流流向前一个焊点，此电流称为________________。

13．若焊点的边距太小，焊接部位所熔化的熔浆会流到母材外面，造成____________，或使焊接部位变薄而得不到应有的________________。

14．若电极臂与母材的接触区域面上有__________、__________、__________等情形时，就无法通过焊接所需要的电流，因而得不到良好的焊接效果。

15．焊点的位置应在板件边缘的__________，不可超过边缘，还要避免在原有焊接过的焊点位置进行焊接。

二、判断题（对的打“√”，错的打“×”）

1．随着焊接电流增大，熔核的尺寸或焊透率将减小。（　　）

2．电阻点焊时焊点分布越密，焊接质量越好。（　　）

3．电阻点焊的质量与施加在待焊接钢板上的压力无关。（　　）

4．进行电阻点焊焊接时，电极头应与待焊面成90°角。（　　）

5. 增大电极臂压力，则接触电阻减小，散热加强，因而总热量减少，熔核尺寸减小，特别是焊透率降低很快，甚至虚焊。 ( )

6. 电极臂压力过小，则板间接触不良，接触电阻虽大却不稳定，甚至出现飞溅和烧穿等现象。 ( )

7. 若被焊材料的高温强度大，则必须减小电极臂压力。 ( )

8. 若被焊材料太硬，塑性变形困难，同时为防止飞溅，必须加大电极臂压力。( )

9. 为提高点焊质量的稳定性，要求焊接过程中电极头直径 D 的变化尽可能大。( )

10. 焊接时间增加，熔核尺寸随之扩大，但过长的焊接时间会引起焊接区过热、飞溅和搭边压溃等。 ( )

三、单选题

1. 当更换车身板件时，推荐的点焊焊接点数是（ ）。

A. 与原来板件上焊接点数一样　　B. 原来板件上焊接点数的 1.3 倍

C. 原来板件上焊接点数的 2 倍　　D. 原来板件上焊接点数的 2.5 倍

2. 下面哪种焊接方法在承载式车身中应用最多？（ ）

A. MIG 焊接　　B. 铜焊

C. 氩弧焊　　D. 点焊

四、多选题

1. 下列属于电阻点焊优点的有（ ）。

A. 焊接成本低

B. 焊接的热影响区小

C. 操作简单，操作者不需要很熟练的经验

D. 焊接时电流小

2. 可以通过（ ）判断电阻点焊的电流大小。

A. 焊点的失圆　　B. 焊点部位的颜色

C. 焊点的位置　　D. 焊点的压痕

3. 下列选项中，哪些条件影响熔核几何尺寸与焊点强度？（ ）

A. 电极臂端面　　B. 电极臂本体的结构形状

C. 电极臂本体的尺寸　　D. 冷却条件

4. 下列选项中，电阻点焊的质量检验方法有哪些？（ ）

A. 外观检验　　B. 破坏性试验

C. 非破坏性试验　　D. 焊点检验

5. 电阻点焊的焊接过程有（ ）。

A. 加压　　B. 通电

C. 冷却　　D. 保持

6. 下列关于电阻点焊的叙述，正确的有（ ）。

A. 前后车窗角落裙边上不能焊接　　B. 可以在一个方向连续地进行焊接操作

C. 焊接前要调整电极头的直径　　D. 焊接前要涂导电底漆

五、名词解释

1．加压时间

2．破坏性试验

3．分散电流

4．控制器

5．电极臂

六、简答题

1．简述电阻点焊的原理。

2．简述电阻点焊的特性。

3．电阻点焊的外观检验包括哪几个方面？

4．电阻点焊的强度受哪些因素影响？

5．通电时间长短通常由什么来确定？

6. 增大或减小电极臂压力会发生什么?

7. 简述电阻点焊各工艺参数间的相互关系。

8. 简述电阻点焊时通电的过程。

任务2 气体保护焊

一、填空题(将正确答案填写在横线上)

1. 气体保护焊的焊接原理是以焊丝为电极,使电极和母材之间产生__________,再利用产生的__________将焊丝和母材熔化而结合成一体。

2. 在气体保护焊的作业过程中,气瓶会供应保护气体来隔绝焊接部位与空气接触,以防止__________或__________。

3. 保护气体的种类由所需焊接的母材决定,大多数材料都用________________进行气体保护，或者使用____________________和______________________组成的混合气体。

4．准确地说，二氧化碳不是惰性气体，而是一种______________。

5．气体保护焊机既可使用______________气体也可使用______________或使用二者的混合气体，只需简单地更换气瓶和调压器即可。

6．气体保护焊设备由______________、______________、保护气体供给装置、控制装置和______________构成。

7．影响气体保护焊的______________、______________和______________三个参数必须按操作手册来调整。

8．气体保护焊可以四种方式进行焊接：________、________、________和________。

9．影响气体保护焊的参数有：______________、______________、______________、电极与母材间的距离、______________、焊接方向和______________等。

10．保护气体流量的大小应配合喷嘴至母材的距离、____________、____________等因素来进行调整。

11．一般来说，板厚 0.8 mm 的薄钢板，其焊接速度应为______________ cm/min。

12．咬边是由于过分熔化的母材形成一个凹槽使母材的__________减小，严重降低了焊接部位的__________。

13．间断的塞焊会在金属表面产生一层__________________，从而形成气泡。

14．塞焊是通过一个孔进行焊接的，塞焊之前需要先在______________上钻出或冲出孔来。

15．角焊比对接焊更容易产生焊瘤，焊瘤会引起应力集中而导致过早_________。

二、判断题（对的打“√”，错的打“×”）

1．由于氩气比二氧化碳能产生更稳定的电弧，从而使焊缝更平整并减少飞溅和烧穿现象，所以由 75% 的氩气和 25% 的二氧化碳组成的混合气体最适合焊接车身的高强度低碳钢薄板。（　　）

2．对于铝材，根据铝合金的种类和材料的厚度，分别采用氩气或氩、氦混合气体进行保护。（　　）

3．焊接电流对母材的熔入深度及焊丝的熔化速度有很大影响。（　　）

4．焊接电流对电弧的稳定性和焊接时金属粒子产生的熔渣量有相对影响。（　　）

5．高质量的焊接有赖于适当的电弧长度，而电弧长度是由电弧电压决定的，电压大则电弧短。（　　）

6．稳定焊接过程中，在其他条件不变的情况下，随着电弧电压的增加，熔深和剩余金属高度增大，而焊缝宽度减小。（　　）

7．一般焊枪的角度为与母材垂直面约成 45° 角。（　　）

8．送丝速度太快将堵塞电弧，这时焊丝的熔敷速度大于熔池吸收速度，会产生飞溅。（　　）

9．进行仰焊时，一定要使用较高的电压、较短的电弧和较小的熔池。（　　）

10．塞焊的应用广泛，焊接后的接头具有足够的强度来承受各结构件的载荷。（　　）

三、单选题

1. 下列选项中，属于熔焊焊接方法的是（　　）。

A. 气体保护焊　B. 电焊　C. 超声波焊　D. 软钎焊

2. 在焊接高强度钢板和承载式车身时，优先采用的焊接方法是（　　）。

A. 水焊　B. 手工电弧焊

C. 氧—乙炔焊　D. 惰性气体保护焊

3. 采用 0.6 mm 的焊丝进行惰性气体保护焊接时，可以焊接的金属板材厚度为（　　）。

A. 1.2 mm 以下　B. 1.2 ~ 1.4 mm

C. 1.4 ~ 1.6 mm　D. 1.6 ~ 1.8 mm

4. 气体保护焊机的几个主要组成部分中，喷嘴最为关键，焊丝伸出喷嘴大约（　　）mm。

A. 3 ~ 5　B. 5 ~ 8　C. 8 ~ 10　D. 10 ~ 12

5. 车身上的点焊位置损坏后，在维修时如果没有电焊机，可以采用（　　）焊接方法来替代点焊。

A. 平焊　B. 连续焊　C. 定位焊　D. 塞焊

6. 焊接时戴焊接头盔的主要目的是（　　）。

A. 防止紫外线　B. 看清焊接位置　C. 防止头部碰撞

7. 气体保护焊焊枪导电端到喷嘴的距离和焊丝伸出喷嘴的距离分别是（　　）。

A. 前者为 2 mm，后者为 5 ~ 8 mm

B. 前者为 3 mm，后者为 5 ~ 8 mm

C. 前者为 3 mm，后者为 4 ~ 8 mm

8. 决定惰性气体保护焊焊接速度的因素为（　　）。

A. 板厚和电流　B. 板厚和电压　C. 电压和电流

9. 使用惰性气体保护焊进行连续焊时，每次焊接长度一般不大于（　　）mm。

A. 10　B. 20　C. 30

10. 进行惰性气体保护焊时，若焊枪移动过慢，可能会产生的问题是（　　）。

A. 焊缝变窄　B. 熔穿　C. 熔深变浅

11. 进行惰性气体保护焊时，保护气体中的二氧化碳含量增大时，发生的变化是（　　）。

A. 焊接熔深加大，焊缝宽度加大

B. 焊接熔深加大，焊缝宽度减小

C. 焊接熔深减小，焊缝宽度加大

12. 使用气体保护焊进行焊接时，随着电流的增大，焊缝的变化是（　　）。

A. 焊缝变宽，熔深加大

B. 焊缝变宽，熔深减小

C. 焊缝变窄，熔深加大

四、多选题

1. 下列选项中，属于惰性气体的有（　　）。

A. 氩气　B. 二氧化碳　C. 氩、氦混合气　D. 氦气

2．影响气体保护焊的因素有（　　）。

A．电极与母材间的距离　B．焊枪角度

C．焊接方向　D．焊接速度

3．气体保护焊的焊接方向有哪两种？（　　）

A．前进法　B．弯曲法　C．后退法　D．倒焊法

4．进行气体保护焊时熔化不透的原因有（　　）。

A．焊枪进给不当　B．焊枪距离

C．电压较低　D．焊接部位不干净

5．进行气体保护焊时产生焊瘤的原因有（　　）。

A．焊接速度太快　B．电弧太短

C．焊枪送进太慢　D．焊接电流太小

6．惰性气体保护焊的优点有（　　）。

A．可以使钢板 100% 熔化　B．焊接后不用除焊渣

C．焊渣打磨后强度不下降　D．能轻松进行立焊和仰焊

7．进行气体保护焊时，要使焊接熔深增大，可调整的参数有（　　）。

A．焊接电流　B．焊接电压　C．焊接速度　D．焊丝直径

五、名词解释

1．焊枪

2．塞焊的焊珠形成

3．保护气体的流量

4．焊接速度

5．送丝速度

六、简答题

1．简述气体保护焊的原理。

2．简述 MAG 焊的步骤。

3．简述气体保护焊的特性。

4．奔腾气体保护焊机上面有哪些按钮？

5．简述卡尔拉得气体保护焊机控制面板上按钮的含义。

6．简述塞焊的注意事项。

7．简述产生气孔和凹坑的原因。

8．简述产生咬边的原因。

9．简述产生焊接熔深不够的原因。

10．简述产生烧穿的原因。

项目三 车身板件修复与更换

任务1 面板手工修复

一、填空题（将正确答案填写在横线上）

1．车身碰撞后的损伤可以分为______和______两种类型。

2．对于板件和构件的具体损伤状况，根据其结构形式和加强形式，有______、______、______和______四种类型。

3．折损是金属的弯曲程度超过了其______的结果。

4．单纯铰折总是形成一条“______”形的折损。

5．任何被弯成一个角度的金属件都可看作是具有______。

6．人们经常用“______”和“______”来形容金属板件受损以后的状况，也可用“______”和“______”来描述。

7．依据各种锤在钣金作业中的用途不同，基本可以分为______锤、______锤和______锤等几类。

8．______锤是连续敲打钣金件恢复其形状的基本工具，用于初步整形之后的______阶段。

9．顶铁是配合锤子进行______的常用工具，它的作用相当于一个小的铁砧，用手握持顶在需要用锤敲击的______。

10．通常将匙形铁垫在需要修整的表面，然后用锤敲击匙形铁来修复______较大且______较小的部位。

11．敲击金属板时，不可太猛烈，因为很少的几次猛烈敲击对金属造成的延展比多次______对金属造成的延展还要多。

12．使用锤子与顶铁修理钢板可分为两种基本技巧：一种是______（又称对位敲击或正托法），另一种是______（又称错位敲击或偏托法）。

13．通过目视评估钢板损伤是根据光线投射到钢板表面，反射出的光线______判断损伤情况，光线越______则说明钢板变形越严重。

14．通过按压评估钢板损伤时应对比受损处与未受损处以及另一侧钢板的______。

15．修复技术主要是恢复车辆的______、表面的______。

16．______、______等损伤是钣金技师日常修复较多的损伤。

17．通过目视评估钢板损伤时应从______、______观察钢板表面。

18．在目视评估钢板损伤前应先将钢板进行______，避免因钢板表面的______影响损伤评估。

19．通过触摸评估钢板损伤时，应触摸____________和____________表面，因为现在汽车的形状各异，避免将出厂时本身的正常突起误判为损伤。

二、判断题（对的打“√”，错的打“×”）

1．直接损伤是指碰撞物与金属板损伤部位直接接触而造成的损伤。（　　）

2．表面圆弧度较小的锤子在敲击后产生的凹痕较小或没有凹陷。（　　）

3．顶铁使用面的曲率与面板外形的配合非常重要，假如在高隆起的表面使用低曲率的顶铁，在加工中会造成更小的凹陷。（　　）

4．修整板件时其外观逐渐得到恢复，要不断调整和更换不同隆起弧面的顶铁。（　　）

5．顶铁平面端不可置于钢板的弧度面，因为顶铁的尖端将使钢板面留下伤痕，一般建议顶铁表面的弧度约为钢板原始弧度的 70%。（　　）

6．一般实敲敲击是在使用虚敲敲击修正较大的凹陷后，再用来修整细微的凹陷。（　　）

7．钣金修复后钢板的防腐层会被破坏，若不进行防锈处理，钢板会生锈。（　　）

8．按压的作用是检查受损表面的压力。（　　）

9．握住锤子时与手柄末端保持 10 ~ 20 mm 的距离。（　　）

10．作为车身维修工作人员，必须分辨车身损伤的类型，采取适当的维修工艺和方法。（　　）

11．掌握构件的损伤类型和其科学的修理方法，对整个车身的整形修复工作具有指导意义。（　　）

12．将整个车身的损伤分解为若干个小的损伤区域再分别修复，可以将整形工作化整为零，由繁入简，提高工作效率。（　　）

13．间接损伤占所有损伤的 60% ~ 70%。（　　）

14．间接损伤的修理方法是相同的，只是由于受损伤部位的尺寸、硬度和位置不同，所用的修理工具有所不同。（　　）

15．一般初整形锤的质量多在 500 ~ 2 500 g 之间，锤面较大而且较平，适合于较大面积的修整。（　　）

16．车身碰撞后的损伤可以分为直接损伤和间接损伤两种类型，对于这两种类型的损伤要采用不同的修理方式区别对待。（　　）

三、单选题

1．一般建议顶铁表面的弧度约为钢板原始弧度的（　　）。

A．40%　　B．60%

C．80%　　D．100%

2．以下选项中，哪个区域一般不建议使用焊接垫圈拉出法修复？（　　）

A．后翼子板轮弧部分　　B．前车门中心部分

C．前翼子板　　D．前、中、后立柱

四、多选题

1．评估受损范围的方法有（　　）。

A．目视　　B．触摸　　C．按压　　D．对比

2．面板修复的方法有（　　）。

A．钣金锤和顶铁　　B．垫圈焊接机

C．缩火技术　　D．焊接技术

3．面板修复后要对其进行修复质量评估，主要从（　　）几个方面进行评估。

A．恢复钢板的张力　　B．恢复钢板表面

C．恢复车身线　　D．能正确连接装配件

4．触摸的作用是检查钢板的（　　）。

A．塑性变形　　B．弹力　　C．凹陷　　D．突起

5．初整形锤的材质主要有（　　）。

A．铁质　　B．橡胶　　C．木质　　D．合金

6．钣金锤与顶铁可以用于维修（　　）。

A．前翼子板　　B．后下围板　　C．行李舱盖　　D．车顶钢板中段

7．用垫圈焊接机可以维修的区域有（　　）。

A．后翼子板轮弧部分　　B．车顶钢板的前、后及侧部

C．发动机舱和行李舱钢板　　D．前、后车门外板

8．防锈处理可以使用（　　）。

A．环氧底漆　　B．防锈蜡　　C．锌粉剂

五、名词解释

1．直接损伤

2．间接损伤

3．凹陷铰折

4．凹陷卷曲

5．单纯卷曲

六、简答题

1．简述敲击原理。

2．简述车身钣金锤的不同头部形状的作用。

3. 如何对维修后的钢板进行质量评估？

4. 如何用对比的方法评估钢板损伤？

5. 如何用按压的方法评估钢板损伤？

6. 简述目视评估钢板损伤的原理及方法。

7．简述在进行面板手工修复时安全操作规范的要求。

8．简述手锤和顶铁的握持方式。

任务2　面板机器修复

一、填空题（将正确答案填写在横线上）

1．所谓机器修复，即使用____________________对面板表面的凹陷进行修复。

2．介子机可以焊接的拉拔介子有很多，常用的有________________、________________和________________等，可以根据惯性锤的头部结构更换。

3．使用手拉拔器拉拔的方法，适用于修理小的________________。

4．使用滑锤拉拔的方法，适用于________________和在________________的部位修理凹陷。

5．当金属受到碰撞而产生严重损坏时，在严重折损处通常会受到__________。

6．金属上某一部位受到拉伸以后，金属板变薄并发生________________。

7．采用热收缩法时，根据钢板的张力大小，确定使用__________或__________进行缩火。

8．铜棒点缩火的特点是各点的收缩量大，可进行________________。

9．碳棒点缩火的特点是各点的收缩量小，建议用于________________的部位。

10．使用碳棒画螺旋线缩火时，为了保证最高点的热量达到最大，应从____________方向画螺旋线。

11．现在有很多车身维修设备制造厂商针对车身板件的________________设计、开发、制造了多功能的外形修复机，俗称________________。

12．在进行任何收缩以前，必须尽量将________________校正到原来的形状。

13．将凹陷的金属用拉拔的方法抬高，在拉拔的同时，用钣金锤对高点进行__________。这种方法类似于锤子和顶铁的____________。

14．可以通过____________法来处理受到拉伸的金属，此种方法是用锤子和顶铁在__________部位做出一些褶。

15．碳棒画螺旋线缩火，其特点是各部位的______________，建议用于____________的部位。

二、判断题（对的打"√"，错的打"×"）

1．使用垫圈焊接技术修理车身时，垫圈间的间隙应为10 ~ 20 mm。（　　）

2．机器修复面板的原理与实敲敲击原理相同。（　　）

3．缩火是为了增加钢板的美观程度。（　　）

4．进行收缩操作时，允许将收缩锤与收缩顶铁同时使用。（　　）

5．通常情况下，铜棒用于张力小的部位，碳棒用于张力大或维修面积大的部位。（　　）

6．碳棒画田字格缩火，其特点是每条线的收缩量小，建议用于张力小的部位。（　　）

7．使用手拉拔器拉拔焊接的垫圈，然后用锤子敲击钢板凸起部位，此种方法用于修理小的凹陷部位。（　　）

8．利用滑锤的冲击力拉出焊接的垫圈来修理凹陷，此种方法用于粗拉拔和在钢板强度高的部位修理凹陷。（　　）

9．使用拉塔拉拔的方法用于修理小的凹陷。（　　）

10．通过起褶法来处理受到拉伸的金属时，起褶的地方会比其他部位略低，在填实填满后，再用锉刀或砂纸将这一部分打磨得与其他部分齐平。（　　）

11．用热收缩法收缩，可以获得比冷作法大得多的收缩延展量，更适合膨胀程度大、拉紧状态严重的变形。（　　）

12．将金属板上变形部位加热至暗红色，随着温度的升高，金属板的受热处开始隆起并试图向受热范围以外的地方膨胀。（　　）

13．采用热收缩法处理受到拉伸的金属时，热收缩的顺序应为先让拉伸区的最高点收缩，然后再让下一个最高点收缩。依此类推，直到使整个部位均收缩到原来的形状。（　　）

14．在直接损伤部位的隆起处，槽和折损处的金属容易受到拉伸。当金属板上存在拉伸区时，不用将拉伸区校正到原来的形状。（　　）

三、单选题

1．垫圈焊接修理方法修理（　　）最有效。

A．从里面可以触及的部位　　B．从里面不可以触及的部位

C．车身大梁　　D．塑料部件

2．用拉拔器拉垫圈时，拉力与钢板表面的正确角度是（　　）。

A．45°　　B．60°　　C．70°　　D．90°

3．用垫圈焊接机的铜棒进行点缩火操作时，正确的冷却方法是？（　　）

A．自然冷却　　B．用油冷却

C．用空气快速冷却缩火部位 5 ~ 6 s　　D．用水冷却缩火部位

4．对于硬度降低的钢板，哪种修理方法是最适用的？（　　）

A．施涂厚层原子灰

B．在保持最小延伸的情况下，对损坏部位使用手锤与顶铁实敲

C．使用垫圈焊接机，用铜棒对损坏部位进行缩火处理

D．在钢板背面施涂原子灰

5．钢板热收缩过量后的处理方法是（　　）。

A．用铁锤在垫铁上轻敲拉伸收缩过量的金属

B．用铁锤不在垫铁上轻敲拉伸收缩过量的金属

C．用铁锤在垫铁上重敲拉伸收缩过量的金属

6．外形修复机是通过（　　）把垫圈焊接在钢板上的。

A．电弧加热　　B．电阻热　　C．火焰加热　　D．蒸汽加热

四、多选题

1．将凹陷的金属拉拔出来的常用方法有（　　）。

A．使用手拉拔器拉拔　　B．使用滑锤拉拔

C．使用拉塔拉拔　　D．使用具有焊接极头的滑锤拉拔

2．介子机集（　　）功能于一体。

A．焊接介子　　B．拉拔操作　　C．单面点焊　　D．电加热收火

3．使用机器修复面板时需要的安全防护用品有（　　）。

A．工作服　　B．棉手套　　C．劳保鞋　　D．防尘口罩

4．根据钢板的张力大小，可选择使用（　　）进行缩火。

A．铜棒　　B．碳棒　　C．热风枪

五、简答题

1．简述金属板热收缩原理。

2．简述焊接介子的原理。

3．为什么要用外形修复机拉拔法修复钢板？

任务3　车门面板更换

一、填空题（将正确答案填写在横线上）

1．车门是车身的一个独立总成，一般是通过__________安装在车身上。

2．车门的修理可以采用________________、________________或________________三种途径。

3．车门板无法复原时必须进行更换，重点是更换____________。

4．分离车门面板时，用________________和________________清除板件边缘焊点上的油漆。

5．分离车门面板时，用________________、________________或________________除去焊点。

6．移开车门外面板后，用____________或____________清除留下来的各折边凸缘，磨去残余焊点、钎焊料和铁锈。

7．安装新面板时，加工凸缘弯至与内面板成________角时，用折边工具完成________。

二、判断题（对的打“√”，错的打“×”）

1．在拆卸车门前，要检查铰链是否顺畅，开、关是否自如，车门与车身间的间隙是否均匀一致。（ ）

2．移去外面板后，仔细检查内面板、门框结构是否损坏，并进行必要的修整，在点焊区涂抹可焊透的防锈漆。（ ）

3．装新面板之前，要在其背边涂上车用密封剂。（ ）

4．用锤子和顶铁将外面板凸缘弯曲时不用考虑敲打面板的边。（ ）

5．车门要反复地开启和关闭，对装配间隙提出了更高的要求。（ ）

6．车门外面板包围着门框，并用螺栓连接在所有的凸缘上。（ ）

7．用等离子切割器或砂轮机，可以从外面板门框处清除焊接部分。（ ）

8．加工凸缘弯至与内面板成 60° 角时，采用折边工具完成折边。（ ）

9．应对凸缘的折边涂上车用密封剂，在焊接区涂防锈漆。（ ）

10．要在新面板上钻好孔，以便安装装饰条、装饰件等。（ ）

三、多选题

1．更换车门面板时，预备阶段要拆除（ ）。

A．内部装饰面板　　B．电路连接

C．金属附件　　D．玻璃

2．车门的修理可以采用（ ）途径。

A．平整复原　　B．牵拉复原　　C．更换

3．可以用（ ）去除焊点。

A．钻头　　B．砂轮机

C．点焊切割器　　D．等离子切割器

四、简答题

1．简述更换车门面板时安装新面板的工作流程。

2．简述更换车门面板时分离阶段的工作流程。

3．简述更换车门面板时预备阶段的工作流程。

任务4　车身后翼子板更换

一、填空题（将正确答案填写在横线上）

1．车身钣金件主要有车身__________和车身__________两类，车身结构件对车身整体性能影响较大，车身覆盖件主要体现__________。

2．具体确定车身钣金件是修理还是更换，除了以 I-CAR 提供的准则为基本依据外，还要根据零件的具体结构、__________、__________、损坏位置及__________、零件的__________和受力情况等几方面因素而定。

3．车身是用__________和__________两种方法将构成车身的为数众多的板件连接在一起而成的。

4．焊接板件的更换有两种方式，即一个板件总成的__________和一个板件的局部更换，后者也称为________________。

5. 分割更换的方式需要切割________________，再更换切割部位的钢板，并在更换后实施________________。

6. 高品质的维修必须具备__________、__________、__________、__________四个要点。

7. 为了确保车辆的________________（行驶转向和停止），________________（发动机和悬架）必须安装至正确的位置。

8. 车身焊接板件的拆卸作业主要就是分离__________和__________。

9. 分离点焊应该先确定点焊的位置，可以用钢丝刷、砂轮机等去除________、________或其他覆盖物。

10. 分离点焊时要小心，不要切割焊缝下面的板件，并且一定要准确地切掉________，以避免产生过大的孔。

11. 握紧砂轮机使砂轮以45°角进入搭接焊缝，磨透焊缝以后，用________和________分离板件。

12. 车身钣金件属于可修理部件，但对于严重损伤的钣金件，如果是____________，通过修理很难恢复到事故前的状态，应直接更换。

13. 分离点焊时，如果清除油漆以后，点焊的位置仍不清晰，可在两块板件之间用__________錾开，这样可使____________________显现。

14. 分离连续焊缝时，有些板件是用连续的惰性气体保护焊焊缝连接的。由于焊缝长，因此要用______________或____________________来分离板件。

15. 更换新结构件时，如果新结构件需要切割，或要与未切除的钢板进行搭接，则须用____________、砂轮机等切割工具将新结构件粗切割到需要的尺寸。

二、判断题（对的打“√”，错的打“×”）

1. 可以使用氧乙炔焊分离板件。（　　）

2. 对焊接钢板进行更换可以采用总成整体更换或分割更换。（　　）

3. 更换钢板要达到强度、安全、美观、耐用性及耐腐蚀性的要求。（　　）

4. 对于结构件，如果通过修理很难恢复到事故前的状态，应更换；对于覆盖件，严重损伤往往修复困难，也应考虑更换。（　　）

5. 焊接完成后还可以对钢板实施调整，因此不必在焊接前实施精确的安装。（　　）

6. 分离点焊时要小心，可以切割焊缝下面的板件。（　　）

7. 折曲变形的特点是弯曲变形剧烈，曲率半径小于4.5 mm，通常在很短的长度上弯曲60°以上。（　　）

8. 如果损坏的位置靠近纵梁末端，碰撞挤压的范围对整体没影响，更换的要求就不像整体挤压损坏那么严格。（　　）

9. 贴合式折叠在一起的构件，若由于激烈的冲击而使局部金属变硬，应更换。（　　）

10. 总成整体更换的方式需依厂方零件的供应方式整组更换损伤板件。（　　）

11. 在损伤钢板不能更换总成，或是更换时技术有困难或作业效率太低时，使用分割更换的方式。（　　）

12. 汽车厂和修理厂的焊接设备及钢板结构是相同的。（　　）

13．使用气动锯进行切割时要依钢板的厚度来调整锯片的角度，切割薄钢片时锯片应倾斜，切割厚钢板时锯片应垂直。（　　）

14．对于新构件的拆卸和焊接要仔细参照车辆制造厂商提供的车身修理手册，尤其是定位的尺寸和焊接方法及位置的说明。（　　）

15．对于需要使用车身三维测量装置或定位器定位新结构件的情况，必须将车辆固定在专用的工作台上，并将车身主要的控制点完全测量一遍，以确保车辆总体尺寸正确。（　　）

三、单选题

1．更换后翼子板作业中，有关安装定位的描述错误的是？（　　）

A．后翼子板定位时，需要用目测的方法检查结构件的形线是否对齐，后翼子板与车门的间隙是否符合要求

B．后翼子板定位时，需要装上车身后部的灯具，以验证其适配情况及高度是否与另一侧对称

C．后翼子板定位时，需要认真测量

D．每进行一项适配作业，可以在结构件边缘的适当部位钻孔，后用自攻螺钉将其临时固定

2．为何将车身密封胶涂在钢板结合部？（　　）

A．提高钢板黏附性　　B．减少振动

C．起焊接区域外壳的作用　　D．防水和防锈

3．为何要将锌涂层涂在焊接钢板的背面？（　　）

A．提高钢板黏附性　　B．防锈

C．减少振动　　D．防水

4．拆分焊点最好的方法是？（　　）

A．用等离子弧焊枪烧熔焊点　　B．钻除焊点

C．用氧乙炔焊炬将它们烧熔　　D．用高速砂轮机将它们磨掉

四、多选题

1．车身板件可采用（　　）方式连接。

A．点焊　　B．铆钉

C．褶角　　D．螺栓连接

2．具体确定车身钣金件是修理还是更换，除了以I-CAR提供的准则为基本依据外，还要根据零件的（　　）因素而定。

A．具体结构　　B．修复难度

C．表面类型　　D．损坏位置及范围

E．零件的功能　　F．零件的受力情况

3．很多外板件用紧固件连接，例如汽车的（　　）。

A．前翼子板　　B．发动机舱盖

C．行李舱盖　　D．保险杠

4．车身板件的连接方式除了螺栓连接外，还有（　　）方式。

A．点焊　　B．铆钉

C．褶角　　D．电弧铜焊

五、简答题

1．简述弯曲变形的特点。

2．简述折曲变形的特点。

3．简述使用气动锯的具体操作步骤和注意要点。

4．简述使用滚轮式研磨机和切割研磨片的具体操作步骤。

5．为什么需要更换结构件的车辆必须经过校正拉伸？

项目四　汽车车身尺寸测量

任务1　汽车车身测量基础

一、填空题（将正确答案填写在横线上）

1. 车身维修的主要任务是____________或____________车身的正常工作能力，延长使用寿命并使其处于良好的____________。

2. 整体定位参数是指那些对________________、________________、________________的装配位置有着直接影响的基础数据。

3. 车身维修时对车身整体定位参数进行测量，一方面用于对车身________________的诊断，另一方面用于指导________________。

4. 对于车身的整体变形，应以________________为基准，对整体定位参数值进行校正和恢复性修理。

5. 竣工后测量的主要任务是复核，以检验车身修竣后的__________________________是否符合标准或达到预定的修复目标。

6. 正确的车身检测与测量是车身维修的基础，而掌握车身测量的________、________、________三个要素，又是高质量完成车身测量任务的关键。

7. 由于车身设计和制造是以几个控制点作为组焊与加工定位基准的，这些由生产工艺上留下来的________________，同样可以作为车身测量时的________________。

8. 设计汽车时，为了便于测量车身高度尺寸而假想的一个平滑的平面称为____________。

9. 基准面在车身尺寸图上投影为____________。

10. 中心面是一个与________________垂直并与汽车________________重合的平面。

11. 零平面在车身尺寸图上投影为____________。

二、判断题（对的打“√”，错的打“×”）

1. 为了便于测量车身高度尺寸，会确定测量基准面，这个基准面真实存在。（　　）

2. 宽度测量中，每个测量点到中心线的宽度数据是车身尺寸图上标出的数据值的一半。（　　）

3. 属于单一构件变形时，可以通过更换或修复构件来解决。（　　）

4. 对车身的校正或更换主要构件，不需要通过测量来保证其相关的形状尺寸精度和位置准确度。（　　）

5. 车身测量的控制点用于检测车身损伤与变形的程度。（　　）

6. 汽车各主要总成在车身上的装配位置，不必作为控制点来对待。（　　）

7. 基准面与车身中心水平面平行且与之没有固定的距离。 (　　)

8. 因为基准面是一假想平面，所以与车身地板之间的距离可以增加或减小，以方便测量。 (　　)

9. 车身所有宽度方向的横向尺寸都是以基础面为基准测得的。 (　　)

10. 车身尺寸图上一般都注明车身上特定的测量点，而且都要反映出车身上测量点的长、宽、高的三维数据。 (　　)

11. 各汽车公司的汽车都有车身数据，有些车身测量维修设备公司也通过测量来获得数据。 (　　)

12. 汽车撞伤时往往影响到很多部位，但车身中部被制造得很坚固来保护乘客，不会轻易地弯曲。 (　　)

13. 中心面是一个假想的平面，在长度方向将车辆对称分开。 (　　)

14. 可以定量测得的表征车身外观和性能的整体定位参数值，是原厂技术文件中有明确规定的重要技术数据。 (　　)

15. 对控制点的测量就是对关键参数的检查与控制，并且这些参数是有据可查的，一些车身测量设备就是根据控制点原则研制而成的，它是目前车身维修中比较实用和流行的测量原则。 (　　)

三、单选题

1. 车身的测量通常在何时进行？(　　)

A. 校正前　B. 校正中　C. 校正后　D. 以上都是

2. 所有垂直方向的车身测量是以(　　)为基准的。

A. 基准面　B. 中心面　C. 后部零平面　D. 前部零平面

3. 所有宽度方向的车身测量是以(　　)为基准的。

A. 基准面　B. 中心面　C. 后部零平面　D. 前部零平面

4. (　　)是与汽车地板平行，且与汽车地板之间有固定的距离。

A. 中心面　B. 基准面　C. 零平面　D. 上述都不是

5. 精确的车身损伤情况是通过测量车身上的(　　)并与车身尺寸图比较后得出的。

A. 基准线　B. 中心线　C. 零平线　D. 控制点

6. 车身尺寸图中，俯视图上标有(　　)。

A. 长度和高度　B. 长度和宽度　C. 宽度和高度　D. 长度、宽度和高度

四、多选题

1. 车身变形导致车身整体定位参数发生变化，对(　　)有至关重要的影响。

A. 行驶性　B. 安全性

C. 使用性　D. 稳定性

2. 要读取车身尺寸图上的数据，首先要找到图中(　　)这三个基准数据。

A. 宽度数据　B. 高度数据

C. 长度数据　D. 左右数据

3. 为了正确分析车身的损伤程度，有必要将汽车看作一个方形结构并将其分成

(　　)部分。

A．前　　B．中　　C．上　　D．后

4．车身维修中的测量，一般步骤有(　　)。

A．维修作业前的测量，旨在确认车身损伤状态和把握变形程度

B．维修作业过程中的测量，旨在对修复过程的质量进行有效控制

C．竣工后的测量，为验收和质量评估提供可靠的数据

五、简答题

1．车身测量对车身维修有什么意义?

2．车身尺寸图上包含哪些数据?

3．在事故车维修的发展过程中，有很多测量方法和技术，目前常用的主要有哪两种?

4．简述车身尺寸测量的基本要素。

任务2　汽车车身测量系统的使用

一、填空题（将正确答案填写在横线上）

1．车身测量系统可分为__________车身测量系统和__________车身测量系统。

2．对于影响汽车的_____________、_____________和各总成的_____________精度的关键点必须进行精确测量。

3．常用的测量方法有__________、__________。

4．对比法是以相同汽车车身的位置参数或根据汽车________性，以相对应位置参数作为基准目标。

5．通常的电子车身测量系统将机械式车身测量系统的测量指针变为_____________。

6．电子车身测量系统能够利用计算机强大的计算能力对测得的数据进行__________和________，经计算后直接得出车身的变形量。

7．机械式车身测量系统大致可分为三种基本类型：________测量系统、________测量系统和________测量系统。

8．量规测量系统有_________________量规、______________量规和麦克弗森_____________量规等多种。

9．车身侧面结构的任何损伤都可以通过车门开、关时的______________来确定。

10．利用车身的左右__________性，运用__________测量法可检测出车身的翘曲。

11．后部车身的变形大致上可通过行李舱盖开、关的_____________估测出来。

12．中心量规的横臂相对于量规所附着的_____________都是平行的。

13．激光测量系统是先进的测量设备，该设备测量准确、精度高，并能够_________________，以补偿测量误差。

14．超声波测量系统采用超声波测量技术，系统的计算机根据每个接收器的接收情况自动计算出每个测量点的________________。

15．采用对比法测量时，限制测量误差的对策措施是选择________________的测量器具（如专用测距尺）；不能以________________的基准孔作为测量依据；同一参数值应尽量避免接续，最好是________________量得等。

二、判断题（对的打"√"，错的打"×"）

1．目前常用的电子车身测量系统主要有超声波测量系统、机械臂测量系统、激光测量系统。（　　）

2．钢卷尺、专用测距尺等都可以测量车身的尺寸。（　　）

3．如果汽车上的控制点位置与测量系统上正确的控制点位置不在同一水平线上，则说明汽车发生了变形。（　　）

4．针对车身尺寸的测量不断涌现出各种各样的电子车身测量系统，它们的出现将使得车辆的损伤鉴定和维修工作更加方便、准确。（　　）

5．电子车身测量系统可以说是一种智能的车身测量系统，对于损伤鉴定人员和维修操作人员都是十分得力的帮手。（　　）

6．测量两孔中心距（也称测距法）可以直接获得定向位置点与点的距离，是最简单、实用的一种测量方法。（　　）

7．修理汽车时，对关键控制点没有必要用轨道式量规反复测定并记录。（　　）

8．要测出孔中心点间的距离，先要测得孔内缘间距，而后再测得孔外缘间距。（　　）

9．控制点的对称度是关键性参数，故每一尺寸应该对照另外的两个基准点进行检验，其中至少有一个基准点要进行对角线测量。（　　）

10．通常情况下，测量的尺寸越长，其精确度越低。（　　）

11．使用轨道式量规时，量规臂应与汽车车身平行，这就可能要求量规臂上的指针要设置成不同长度。（　　）

12．车身尺寸说明书中标注出的所有各点都要进行测量，损伤的总和通常以说明书上的尺寸规格减去实际测量结果确定。（　　）

13．使用中心量规进行测量时，如果四个中心量规的顶部在一条直线上，则说明汽车在基准面上；如果它们不在同一条直线上，则说明汽车偏离了基准面。（　　）

14．卡尔拉得电子测量系统主要用于测量和检查车辆底盘的尺寸准确性。（　　）

15．在电子车身测量系统计算机的数据库中，储存了大量的不同厂家、不同年代的车身数据。（　　）

16．对于影响汽车的前轮定位、轴距误差和各总成的装配位置精度的关键点必须进行精确测量，变形误差应控制在 6 mm 以内。（　　）

17．使用机械式通用车身测量系统进行测量时，如果车辆长度方向上两基准点比车身尺寸图中的尺寸长 4 mm，则其他测量点的长度尺寸都应增加 8 mm。（　　）

18．使用机械式通用车身测量系统进行测量时，如果车辆宽度方向上两基准点比车身尺寸图中的尺寸宽 2 mm，则中心线杆上垂直标尺固定器刻度尺寸每侧加宽 1 mm。（　　）

19．量规测量系统有轨道式量规、中心量规和麦克弗森撑杆式中心量规等多种，它们可以单独使用，但不可以互相配合使用。（　　）

三、单选题

1．车辆的头部受到撞击时车架的两个边梁都被弯曲了。修理工 a 说可以通过将每一边的测量结果与制造厂商的技术标准进行对比来检查出损伤的程度；修理工 b 说可以通过将两边边梁的测量结果进行比较来检查出损伤的程度。他们之中谁是对的？（　　）

A．a　　B．b　　C．a 和 b 均对　　D．a 和 b 均不对

2．Car-O-Tronic 测量滑板使用的是（　　）。

A．太阳能电池　　B．锂离子电池　　C．干电池　　D．蓄电池

四、多选题

1．轨道式量规可测量哪些数据？（　　）

A．上部车身的尺寸　　B．前部车身的尺寸

C．车身侧面的尺寸　　D．后部车身的尺寸

E．中部车身的尺寸

2．使用多个中心量规进行测量时，中心量规可以分别安置在汽车（　　）。

A．最前端　　B．最后端　　C．前轮的后部　　D．后轮的前部

3．激光测量系统的组成包括（　　）。

A．主机柜　　B．激光扫描仪及其支架

C．靶牌　　D．靶牌连接件

4．超声波测量系统主要包括（　　）。

A．发射器　　B．接收装置　　C．转接适配器　　D．个人计算机

5．卡尔拉得电子测量系统的主要配件包括（　　）。

A．Car-O-Tronic 测量滑板　　B．测量电桥

C．计算机　　D．机柜　　E．蓝牙

6．卡尔拉得电子测量系统的机柜用于存放（　　）。

A．计算机　　B．测量滑板　　C．一套测量管　　D．适配器

7．中心量规由（　　）组成。

A．挂钩　　B．量规　　C．中心销　　D．滑轨

五、简答题

1．对比法选择测量点和数据链时，应遵循的原则有哪些？

2．机械式通用测量系统的优越性体现在哪里？

3．采用机械式通用测量系统进行测量时，怎样才能定好测量基准？

4．在使用轨道式量规时，要注意哪些事项？

5．简述激光测量系统的工作原理。

项目五　汽车车身校正

任务1　车身校正基础

一、填空题（将正确答案填写在横线上）

1. 对于碰撞程度较轻的局部变形，一般运用较为简单的________________，就很容易使变形得到校正。

2. 复杂的冲击过程使车身构件的________________很不匀称，金属材料的强度也因此发生变化。

3. 对________________已基本修复的构件，应以其轴线的________________作为拉伸的施力方向。

4. 作用在车身构件上的______________________由于分解的结果，使力的作用线（即________________）不在同一平面内。

5. 地框式校正系统有一些缺点，比如车身的位置________________而且不能________________，因此限制了某些操作。

6. 台架式校正系统可分为具有工作平台的________________式车身校正器和没有平台的________________式车身校正器两类。

7. 台架式校正系统一般都配有四组供固定车身用的________________。

8. 车身上基本夹具安装的区域称为车辆的________________，一般都是车厢下部不容易变形的地方并得到特殊的________________。

9. 绝大多数车辆的夹持控制区都是________________与地板的________________，但也有一些车辆是在门槛板下部________________。

10. 固定拉伸链时一定要在没有拉伸之前就将拉伸链收到最紧的位置，否则会造成塔臂已运动很多却还没有产生足够的________________。

11. 车身校正的重点是“精确地恢复车身的________________”。

12. 固定塔臂式拉塔是一个竖直放置的________________，拉伸链通过导向轮与拉塔上部可活动的________________相固定。

13. 顶杆系统对车身拉伸的动力源自液压缸，常用的顶杆系统液压缸可以提供________________kN 的力量，行程有________________mm 等多种。

14. 为了防止在牵拉过程中________________与地面锚固点过载并控制拉伸的方向，拉伸工作要伴随________________的测量逐点进行，并不断调整固定的位置和拉伸的方向。

15. 在安装拉伸装置时，要掌握好链条和顶杆的角度，链条被顶杆顶起所呈的角度必须是__________，这样才能保证顶杆系统的稳定。

16. 拉伸用的链条是专用的链条，其最大承载能力为________________kN，一般普通的链条不能用于车身的________________。

17. 在车身的某些部位不适合使用夹钳等夹持工具进行固定和拉伸，此时可以使用__________和__________等进行拉伸操作。

二、判断题（对的打“√”，错的打“×”）

1. 由于车身构件多属于立体刚架式结构，这就决定了其碰撞时的受力状态多为空间力系。（　　）

2. 与校正平台相配套的拉塔有固定塔臂式和活动塔臂式两种。（　　）

3. 对较为严重的车身碰撞变形，由于其受力的严重性和复杂性，可以依靠简单的拉伸方法进行校正。（　　）

4. 尽管在大多数场合可以将空间的受力简化为平面力系来分析，但总不如在详尽分析的基础上进行校正更好。（　　）

5. 许多变形都很难通过一次校正来完成，而是需要不断修正力的大小和方向，有时甚至还要调整校正力的作用点或者从多点进行同时拉伸。（　　）

6. 地框式校正系统的使用比较灵活，拉伸操作的工具设备简单并可以实现多点固定和多向的拉伸，因此操作复杂。（　　）

7. 无论是什么形式的拉塔，都可以通过塔臂下部的支撑杆和角轮与校正系统的校正台架相连接，并可以围绕校正台架做360° 的旋转。（　　）

8. 活动塔臂式拉塔的原理与三点式液压顶杆系统相同，实际上就是一个变形的三点式液压顶杆系统。（　　）

9. 对于箱式梁，应夹住内侧弯曲表面进行拉伸，拉伸方向应施加在一条假想部件原位置的延长线上。（　　）

10. 台架式校正系统的四组基本夹具分别夹持车身地板四个角上的任意位置。（　　）

11. 根据不同车身要求的固定位置和固定方式不同，每一种台架式校正系统都配有专门的组合夹具。（　　）

12. 拉塔应与车身之间保留300 ~ 500 mm的拉伸空间。（　　）

13. 基本夹具能够提供的夹持力是非常大的，当需要对车身地板部位进行校正时，首先找到必需的四个基本控制支撑点，这些支撑夹具甚至可以作为钣金整形工具起到拉伸的作用。（　　）

14. 对于固定塔臂式拉塔，调整导向轮的高度可以调节拉伸力的上下方向，左右移动塔臂可以调整拉伸力的左右方向，如此就可以实现任意方向的拉伸。（　　）

15. 对于固定塔臂式拉塔，在拉伸操作时，塔臂必须固定，而导向轮与塔柱的固定螺栓应该是放松的，导向轮只能使用导向轮固定环与塔柱的自锁来完成导向定位，而不能靠固定螺栓来固定。（　　）

16. 在拉伸时要注意，一定要将拉塔的固定臂紧固牢靠，否则巨大的拉伸力有可能使拉塔发生移动，造成危险。（　　）

三、多选题

1. 与其他类型的车身校正设备比较，台架式校正系统的主要特点是（　　）。
   A. 具有供车辆固定的可以进行升降的专用平台或校正台架，利于车辆的上、下和车身各个部位的校正。车辆正确固定后无需再次调整水平，台架的工作面即为水平标准面
   B. 配备可以围绕工作平台进行 360° 位置安装的拉塔，能实现对车辆全方位的拉伸操作
   C. 配有专门用于车身固定和拉伸的夹具，车身固定工作简单，拉伸容易实现
   D. 通常配有与工作平台相配合使用的测量系统，可以快速、方便、准确地测量车身的变形，对校正操作做出指导，并使校正的精度大大提高
2. 下列设备可以进行车身校正的是（　　）。
   A. L 形简易车架车身校正器　　B. 地框式校正系统
   C. 台架式校正系统　　D. 电子式校正设备
3. 下列选项中，（　　）属于常用的拉钩和拉带。
   A. 大力深拉钩　　B. 大力直角拉钩
   C. 多向可加紧拉钩　　D. 轻型拉钩
4. 台架式校正系统的四组基本夹具分别夹持车身地板四个角上的夹持区，具有（　　）作用。
   A. 定位　　B. 固定　　C. 夹紧　　D. 支撑
5. 车身校正专用工具有（　　）。
   A. 夹钳　　B. 拉钩和拉带
   C. 链条和链条连接工具　　D. 拉塔
6. 拉伸校正常用的夹钳有（　　）。
   A. 扁口自紧夹钳　　B. 深槽自紧夹钳
   C. 小型夹钳　　D. c 形夹钳

四、简答题

1. 简述车身校正的原理。

2．简述 L 形简易车架车身校正器的特点。

3．简述地框式校正系统的工作原理。

4．当利用基本夹具进行车身的固定时要注意什么？

5．简述固定塔臂式拉塔的工作原理及使用注意事项。

6. 简述车身校正专用工具的作用。

7. 简述台架式校正系统的特点。

任务2 车身校正任务实施

一、填空题（将正确答案填写在横线上）

1. 只要________、________系统或________系统安装点损伤，或者车辆的________严重损伤，就需要进行车辆校正。

2. 要想确定是否需要对车辆进行校正，可用钢卷尺或量规做一些一般性测量，包括用对角测量检查是否有________，用长度测量检查是否有________。

3. 修理损伤的顺序应当与碰撞时发生损伤的顺序________（先里后外）。

4. 有时最好在将车辆放置到________上之前就拆下部件以便于更好地紧固。

5. 通过对严重损伤部件的拉伸，往往能帮助校正其他不更换的________。

6. 对承载式车身进行固定时必须用________的方式。

7．对于前部受损的汽车，定位夹具应该安放在汽车的________和________。

8．对承载式车身进行固定时一般需要四个固定点，但根据拉伸力及其方向的不同，有时要增加________________。

9．由于金属板有____________或____________，车身结构在被拉回到规定的尺寸后，会在一定程度上恢复到损伤的状态。

10．一般在校正承载式车身 / 车架的损伤时，应当按照从中心到两侧的顺序进行，并要满足以下顺序：__________方向的损伤校正、__________方向的损伤校正、__________方向的损伤校正。

11．为防止拉伸过度而损坏________________，在用任何一种拉伸装置进行拉伸校正的过程中，都要对损伤部位的________________进行测量。

12．金属具有“________________”特性，或叫________________，它“知道”自己原来的初始状态，只有消除由事故引起的________________，它才会恢复到原来的状态。

13．如果试图在不消除应力的情况下把钣金件拉伸恢复到原来的形状，金属将出现__________或__________。

二、判断题（对的打“√”，错的打“×”）

1．在车身校正过程中，只需使用保险绳将车身和拉钩连在一起即可。（　　）

2．拉伸过程中，不能对车身的数据进行测量。（　　）

3．确定拉伸位置最简单的方法就是徒手画出要通过拉伸修复的损伤。（　　）

4．一旦确定了碰撞对承载式车身的损伤程度并且确定了损伤部位，就可以对损伤部位进行拉伸和校正了。（　　）

5．拉伸的方向应当与损伤的方向一致。（　　）

6．拆卸汽车零部件的原则是只拆那些妨碍修理的车辆零部件，以及那些为了靠近汽车上需要修理的部位而必须拆除的部件。（　　）

7．大多数校正作业都可以在不用保证主要机械零部件完好的情况下进行。（　　）

8．拉伸矢量图是一个简单的多边形。（　　）

9．链条在顶杆的作用力下，一旦松弛部分被拉紧，车身构件的金属就开始移动。（　　）

10．如果校正过程中不能精确、经常地测量，则很可能拉伸过度。（　　）

三、单选题

1．以下关于车身校正中车身固定的描述，错误的是？（　　）

A．辅助固定增加了安装设备的时间，因此会降低校正效率

B．辅助固定可以有效地防止二次损伤

C．对于前部受损的汽车，定位夹具应该安放在汽车的中部和后部

D．对于后部受损的汽车，定位夹具应该安放在汽车的中部和前部

2．单一方向的拉伸和多方向同时拉伸相比，哪种方式更易将变形恢复到正常位置？（　　）

A．单一方向　　B．多方向　　C．都一样　　D．看情况

3．如下图所示，哪个是正确的拉拔方向？（　　）

A．a　　　　B．b　　　　C．c　　　　D．d

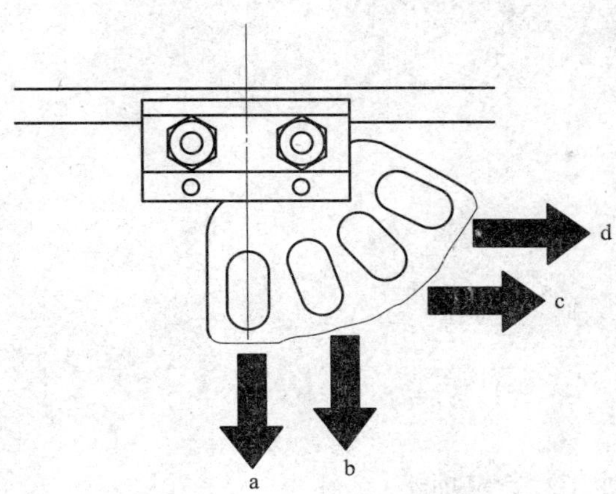

4．以下关于基本车身校正方法的描述中，正确的是？（　　）

A．正确的车身校正顺序是：外侧钢板→内侧钢板→大梁

B．在车身校正中，需要进行基本车身固定和辅助车身固定

C．在拉伸之前没有必要测量车身尺寸

D．只要固定车身上 2 个顶点就足够

5．拉伸时锤击拉伸部位的板件是为了（　　）。

A．敲平板件的变形

B．消除板件内部应力

C．防止拉伸部位变形

四、简答题

1．计划拉伸工序时，应遵循什么程序？

2．具体校正过程的拉伸或顶压可总结为哪些原则？

3．校正设备有哪些使用注意事项？